쓰고 그리고 색칠하면서

걱정이 펑!
사라지는 책

COLOUR AWAY YOUR WORRIES

옐로스톤

지은이 레슬리 아이언사이드 Leslie Ironside
심리학·정신분석학 박사
(아동·청소년 상담가, 심리치료사)

지은이 아이아 아이언사이드 Haia Ironside
(초등학교 교사)

편집 필리파 윈게이트 Philippa Wingate,
브리요니 존스 Bryony Jones

그림 존 빅우드 John Bigwood

초판 인쇄 2016년 1월 10일 | 초판 발행 2016년 1월 20일
지은이 레슬리 아이언사이드, 아이아 아이언사이드 | 그린이 존 빅우드
옮긴이 신유나 | 펴낸이 최은숙 | 펴낸곳 옐로스톤
출판등록 2008년 3월 19일 제396-2008-00030호 | 주소 서울시 마포구 동교동 연희로1길 9 3층
전화 02-323-8851 | 전자우편 dyitte@gmail.com | 페이스북 https://www.facebook.com/Yellowstone2

Copyrigh ⓒ 2015 Michael O'Mara Books Ltd.
Korean language edition published by Yellowstone, Copyright ⓒ 2015
Korean translation rights arranged with Michael O'Mara Books Ltd, London through Agency-One, SEOUL KOREA

이 책의 한국어판 저작권은 에이전시 원을 통해 저작권자와의 독점 계약으로 옐로스톤에 있습니다.
저작권법에 의해 한국 내에서 보호를 받는 저작물이므로 무단 전재와 복제를 금합니다.

안녕, 내 이름은 걱정벌레 꼬불이야.
나는 걱정에 대해 모르는 게 없어.

걱정을 아는 건 중요하단다.
아-주 중요하지.
걱정이 무엇인지 알아야
걱정에 끌려다니지 않게 돼.

이 책에서 그 방법을 모두 알려줄 거야.

이 책을 가지고
마음껏 놀아 보렴.

글자가 틀릴까
그림을 잘못 그릴까
걱정하지 마.
힘들면 엄마 아빠
선생님께 도와달라고
해도 돼.

자기소개부터 해볼까.

이름 : ------------------------------

나이: ------------------------------

키: ------------------------------

몸무게: ------------------------------

왼손 지문

오른손 지문

**넌 뭘 좋아하니?
여기에 그리고 적어봐.**

좋아하는 음식

좋아하는 텔레비전 프로그램

좋아하는 활동

좋아하는 색깔

내가 가장 좋아하는 노래는 _ _ _ _ _ _ _ _ _ _ _

내가 가장 좋아하는 동물은 _ _ _ _ _ _ _ _ _ _ _

내가 가장 좋아하는 친구는 _ _ _ _ _ _ _ _ _ _ _

나의 초상화

사과 속에도 걱정벌레들이 살지.
사과 속에 걱정벌레들을 그리고 색칠도 해볼까.

행복한 얼굴을 그리고 걱정에 빠진 얼굴을
그리면서 색칠도 해볼까.

무서운 치과에 가는 생각만 해도 걱정이 되지.
이크, 입 속에 뭐가 있을까?

나는 무서운 영화를 볼 때
걱정이 많이 돼.
너는 텔레비전에서
어떤 장면을 볼 때 무섭니?

뒤죽박죽 그림에 색칠을 해줘.

머릿속에서 와글거리는 걱정들을 낙서해 볼까.

좋은 걱정도 있어.
우리를 안전하게
지켜주는 걱정이지.

내가 하는 이런 걱정들이
바로 그런 걱정이란다.
네가 색칠을 해줄래?

삽날이 날 콱 찍어서 몸이 동강날까봐 걱정이 돼.

스카이다이빙을 하는데 낙하산이 없으면 얼마나 걱정이 될까.
서둘러! 어서 아이들에게 낙하산을 그려줘.

번지점프를 할 때도 줄이 없다면 걱정이 될 거야.
이 아이에게 줄을 그려줘.

높은 곳에 매달려 있으면 얼마나 무서울까.
이 아이가 나무에서 내려올 수 있게 사다리를 그려줘.

친구가 가위를 들고 머리카락을 잘라 주겠다고 하면 정말 걱정이 될 거야. 헝클어진 네 머리카락을 그려 볼까.

나는 온갖 게
다 걱정이 돼.
걱정들 때문에 머리가
어지러울 때도 있다니까.
내 걱정들에 색칠을 해줘.

다른 벌레들이 나와 놀아 주지
않을까 걱정이 돼.

너도 아이들이 놀아 주지 않을까 걱정할 때가 있니?
이런 걱정들이 무럭무럭 커질 때는 정말 끔찍하지.

다른 아이들과 함께 어울려 놀아봐.
무슨 놀이든 다 괜찮아.

눈싸움이군!
눈덩이를 만들어
친구들에게
던져 보렴.

다른 사람과 달라 보일까 걱정하니?
사람들은 모두 다르게 생겼어.
그래서 누구나 특별한 거야!

제각각 다르게 생긴 사람들에게
어울리는 몸을 그려줘 볼까.

너도 옷 때문에 걱정될 때가 있지?
잘 봐, 사람들은 모두 다른 옷을 입고 있어.

제각각 다르게 입은 옷들에 색칠을 해줘.

너는 뭘 걱정하고 있니?

학교 갈 일

숙제

외모

엄마 아빠

너도 밤에 잠이 들 때 걱정을 하니?
네 걱정은 뭘까? 여기에 적거나 그려 보렴.

밤에 나타나는 걱정 몬스터들에 색칠을 해줘.

낮에 사는 걱정 몬스터들도 있어.
걱정 몬스터들을 완성시켜 볼까.

어떤 때는 그림자처럼 생긴 걱정들이 우리를 둘러싸고 있는 것처럼 느껴지기도 해.

네게도 걱정 그림자가 있니?
네 걱정 그림자는 어떻게 생겼을까?

'걱정'이라고 크게 써봐.

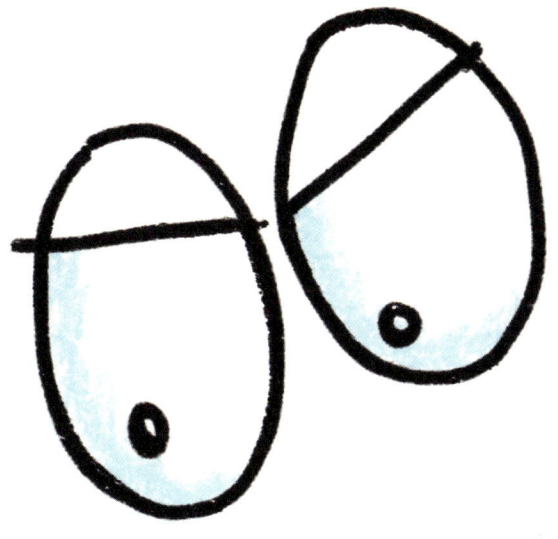

어떤 걱정들은 엄청 큰
걱정 몬스터로 보이기도 해.
엄청 큰 걱정 몬스터를 그려 볼까.

엄청 큰 걱정 몬스터 식물에 색을 칠해줘.

걱정은 매일매일 생각하면서 관심을
기울이면 마구마구 자라게 돼.

아주 작은 걱정이 커다란 걱정 몬스터 식물로
자라는 모습을 그려봐.

너를 쫓아오는 무시무시한 걱정 몬스터를 그려!

자, 이제는 네게 걱정들을 쫓아 버릴 방법들을 몽땅 알려줄 거야.

걱정 몬스터가 달아나는 모습을 그려줘.

이제 잘 정돈된 걱정 몬스터들에게 색칠을 해줘.

걱정을 잘 정돈하는 좋은 방법이 또 있어.
바로 걱정을 적어 보는 거야.

걱정을 적으면 걱정이 글자로 바뀌지.
그러면 걱정이 많이 사라진단다.
이렇게 하면 나는 마음이 많이 편해졌어.

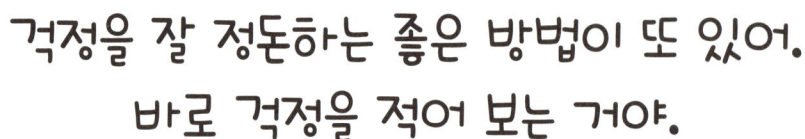

여기에 네 걱정들을 적어 볼까.

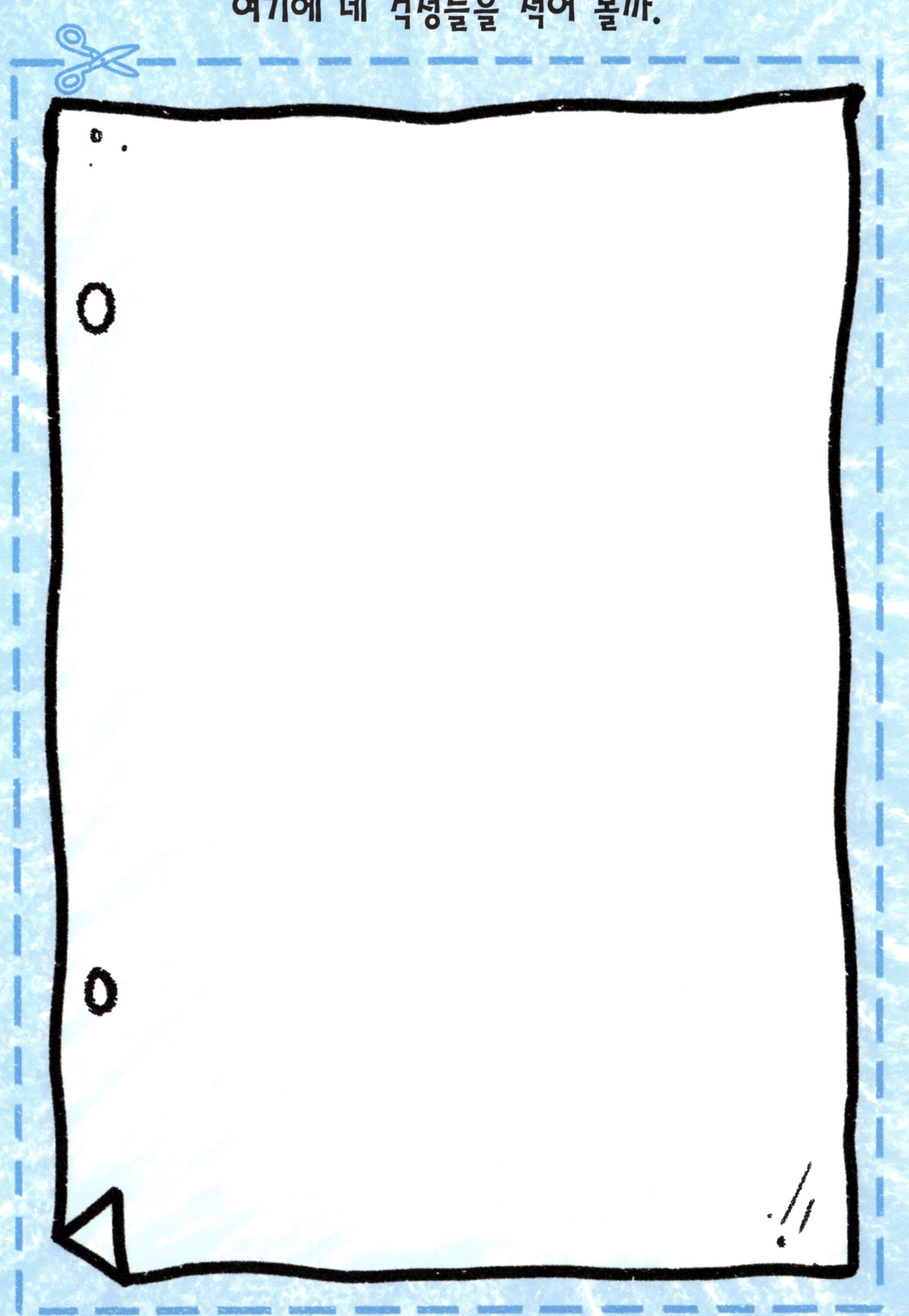

점선을 가위로 잘라.

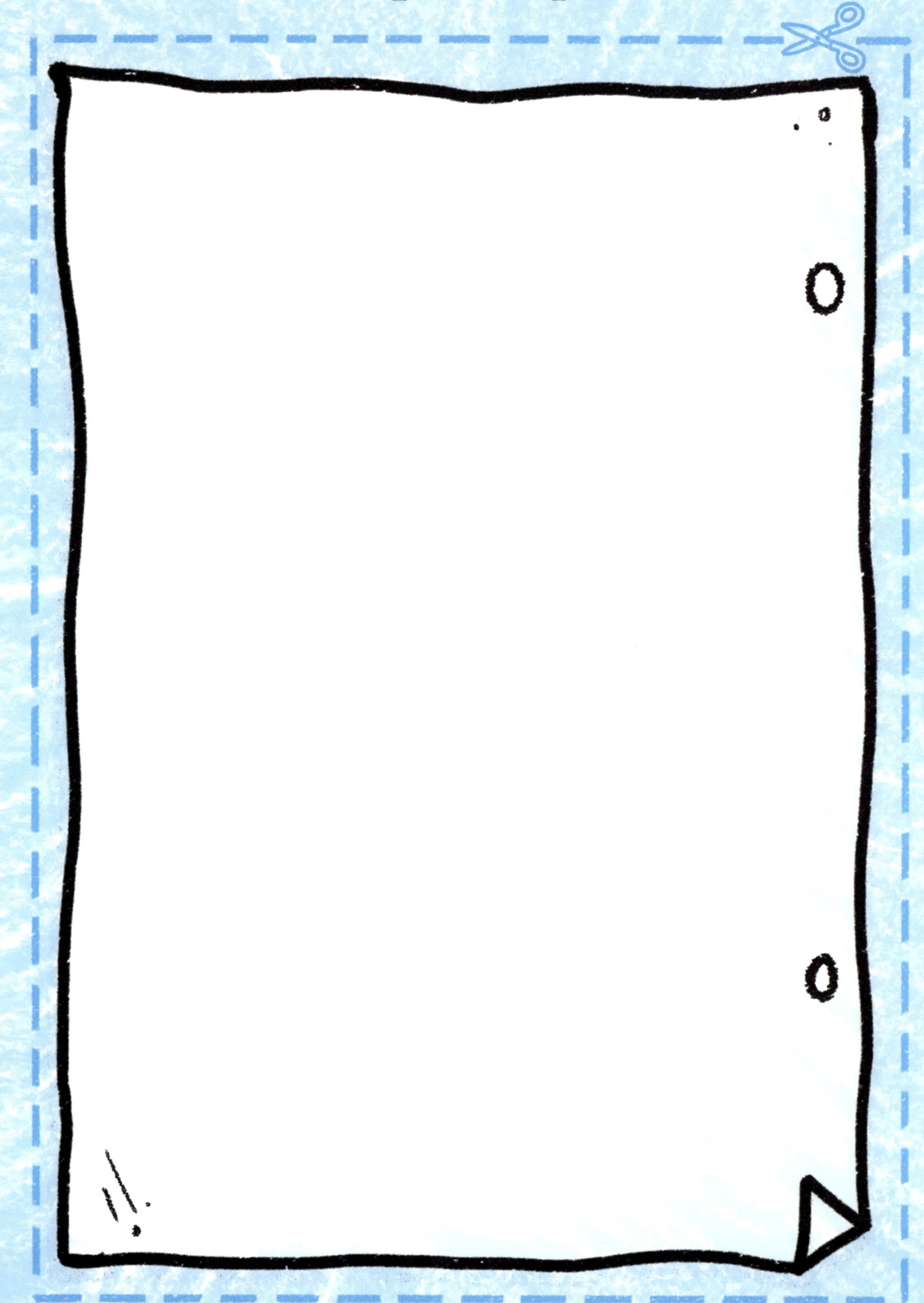

걱정을 적은
종이를 찢어서
휴지통에 버려.
그러면 쓸데없는
걱정들이 싹 사라지지!

걱정 상자들에 걱정들을 담아 정리하는 방법도 있어.
걱정을 담을 걱정 상자를 골라 보렴. 네 마음에 드는 것으로 말이야!

걱정 상자들에 색칠을 해줘.

이 이름표를 네 걱정 상자에 붙여.

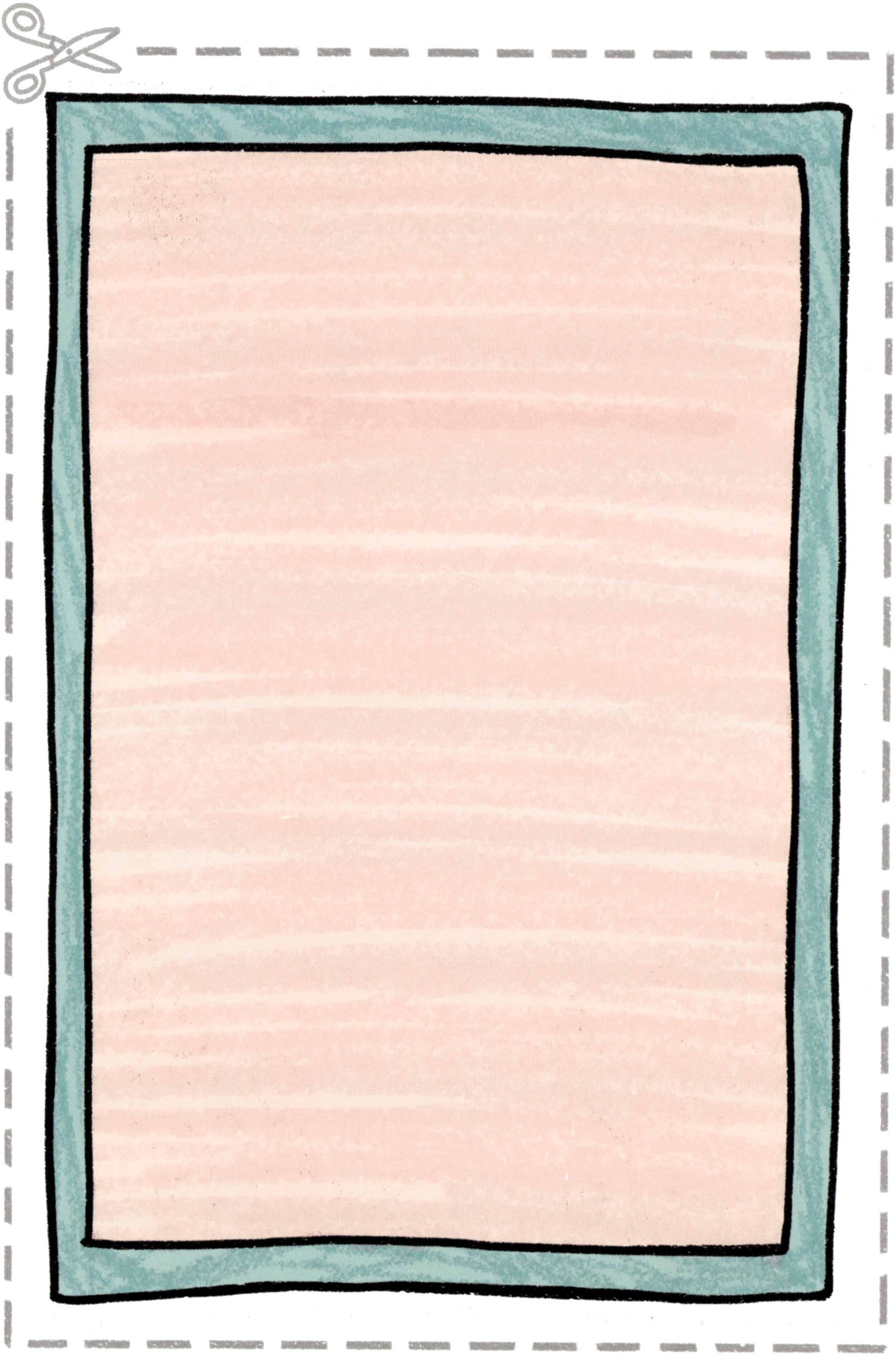

여기에 걱정을 적은 다음 가위로 잘라.

걱정을 걱정 상자에 담아 두면 걱정이 눈에 보이지 않으니 당연히 좋은 생각만 나지 않을까?

여기에는 네가 좋아하는 것들을 적어.

가끔은 다른 사람들에게 걱정을 털어놓는 것도 좋단다.
네가 걱정을 말할 수 있는 사람은 누가 있을까?
거울에 그 사람들을 그려봐.

걱정이 있으면 어른들에게 말하는 것도
걱정을 없애는 좋은 방법이야.

이 어른에게 걱정을 속삭이는 네 모습을 그려줘.

걱정 몬스터들을 더 그려줘 볼까.

걱정을 혼자 가지고 있으면 정말 무겁게 느껴져. 그래서 나는 다른 걱정벌레들과 함께 걱정을 나누지.

시소에 걱정벌레들을 더 많이 그려줘.

걱정들이 멀리 달아나기 시작하면
기분이 한결 좋아질 거야.

네 걱정들을 적어 넣은 걱정 풍선을 몇 개 더 그려 볼까.

걱정 몬스터를 쫓아내는 좋은 방법은 앞으로는
걱정들을 참지 않을 작정이라고 말하는 거야.
너라면 걱정 몬스터들에게 뭐라고 소리치고 싶니?

나는 진흙에서 뒹굴뒹굴하면 기분이 좋아져.

나는 친구들과 신나게 축구를 하면
기분이 좋아져.

밖에 나가서 노는 것도 좋은 방법이야.
너는 눈사람 만들기를 좋아하니?
네가 만든 눈사람은 어떤 모습일까?

너는 모래성 쌓기를 좋아하니?
네가 만든 모래성은 어떤 모습일까?

네가 좋아하는 활동은 뭐야?
여기에 그려 볼까.

친구들을 웃게 하는 너만의 재미있는 이야기가 있니?
네가 좋아하는 재미있는 이야기를 여기 적어 볼까.

에어매트에 누워서 물놀이하는 네 기분은 어떨까?

가끔은 뭔가에 푹 빠져 걱정을 잊는 것도 좋은 방법이란다.

복잡한 무늬에 색칠을 하면서 걱정을 날려봐.

이 복잡한 무늬를 완성시켜 보렴.

너만의 그림을 멋지게 그려 보는 거는 어떨까?

> 이 책을 잘 끝마친 걸 축하해.
> 어떻게 네 걱정을 사라지게 했는지
> 다시 떠올려 볼까.

누구나 걱정을 가지고 있어.

쓸데없는 걱정들도 있고 우리를 지켜주는 걱정도 있어.

어떤 걱정은 머리를 뒤죽박죽이 되게 하고
점점 크게 자라나기도 해.

걱정은 정리하는 게 좋아.
걱정들을 글로 적어 걱정 상자에 넣어.

걱정들을 사람들과 나누면 걱정이 가벼워져.
함께 걱정을 나눌 사람들을 찾아봐.

걱정에게 멀리 가버리라고 말해.

걱정을 로켓에 담아 우주로 날려 보내고
풍선에 띄워 보내.

밖에 나가서 걱정을 마음에서
사라지게 할 일들을 해.

걱정이 마음에서 떠나가 버릴 일을 찾아 푹 빠져봐.

걱정은 너 혼자만 가지고 있는 게 아니란다. 누구에게나 걱정이 있어. 그리고 우리가 걱정에 대해 많이 말할수록 걱정이 사라진단다. 안녕! 즐거운 색칠이었길 바래!

이제 행복해진 네 모습을 그려줘.

다 마쳤으니 상을 받아야지.

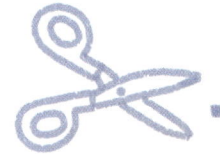

상장

이 책을 색칠하고 끝마친

_____ (네 이름)에게

상장을 수여합니다.

부모와 선생님을 위한 일러두기

걱정이란 뭘까요? 걱정을 하려면 진짜든 상상이든 어떤 문제들에 대해 불안과 불편함을 느껴야 합니다. 걱정들은 모두 모양과 크기가 있어요. 걱정을 아주 크게 느끼는 아이도 있고 매사에 별로 걱정을 하지 않는 아이들도 있죠.

부모나 양육자는 아이들이 걱정을 인정하고 받아들이도록 돕는 게 중요합니다. 그렇게 함으로써, 아이들은 걱정이 인생의 평범한 한 부분이며 성장에 필요한 것이라는 걸 알고 걱정을 다루는 법을 익히게 됩니다.

긍정적인 걱정과 부정적인 걱정

걱정은 긍정적인 면과 부정적인 면을 함께 가지고 있습니다. 다룰 수 있으면서 합리적인 걱정은 건설적인 작용을 하고 걱정을 불러온 문제를 해결할 수 있도록 합니다. 예를 들어, 단어 시험에 대해 걱정하고 있다면, 시험을 잘 볼 수 있도록 시간을 들여 공부시키는 힘을 가지게 합니다. 걱정을 함으로써 시험을 보기 전에 불안을 가라앉히는 건설적인 행동을 취하게 되는 것이죠.

비합리적이고 잘 처리되지 않은 걱정은 아이를 짓누르는 결과를 일으킬 수 있습니다. 걱정은 몬스터처럼 자라나 아이를 조종하고 마음대로 하기 시작합니다. 불행하게도 아이의 마음은 걱정에게 먹이를 주기 시작합니다. 걱정을 거대하게 만들고 점점 더 나쁘게 만들어 갑니다. 예를 들어 거미를 무서워하는 아이는 집 안이 온통 거미로 가득 채워지는 상상을 하고 거미들은 점점 악랄해지기 시작합니다. 그럼으로써 상황과 어울리지도 않는 불안을 경험하게 되지요.

걱정은 평범한 삶의 일부입니다

이 책은 어린아이들이 경험하는 여러 종류의 걱정들을 한번 생각해 보고 이해하도록 도와줍니다. 걱정이란 평범한 삶의 한 부분으로 중요합니다. 하지만 평범한 삶을 파괴하고 마비시킬 수 있다는 것 또한 인정해야 합니다.

이 책은 이런 활동을 담았습니다

이 책은 아이들이 걱정을 다루는 과정을 단계별로 할 수 있도록 돕고 있습니다. 색칠, 그리기와 쓰기 연습은 머릿속에 있는 생각이 다룰 수 있는 걱정이며 걱정들이 때로 사람들을 끌고 다닐 수 있다는 걸 생각하도록 합니다.

단계별로 꾸몄습니다

첫 단계는 아이들이 걱정을 분명하게 표현하는 것입니다. 그럼으로써 걱정을 겉으로 표면화합니다. 아이들이 '내게는 걱정이 있어.'라고 말하는 것이죠.

다음 단계는 걱정을 나누는 것입니다. 책에 걱정에 대해 쓰고 다른 사람들에게 말하는 것입니다. 이러한 기법을 통해 걱정을 밖으로 표출하고 생각 속에서 더 이상 자라지 않도록 합니다.

아이와 어른이 함께 작업하는 게 중요합니다

시간을 들여 아이와 함께 앉아서 이 책과 함께 여러 가지 활동을 즐기는 게 중요합니다. 충분히 의논하는 기회를 가지고 책을 통한 반응을 검토해 봅니다. 활동을 마치고 나서 떠오르는 문제들에 대해서는 충분히 대화를 나누십시오.

가장 중요한 것은, 아이가 말하는 것을 듣고 부모의 말에 귀기울이게 하는 것입니다. 아이들에게는 어른들에게도 걱정이 있다는 걸 아는 게 유익합니다. 아이들은 어른들이 걱정을 분명하게 표현하고 걱정을 효과적으로 다루는 걸 관찰하면서 배울 수 있습니다.

걱정은 나누면 반으로 줄어듭니다

때로는 걱정하는 아이를 돕기 위해 전문가의 조언이 필요할 수도 있습니다. 또한 가끔은 아이에 대한 부모의 불안감에 대해서도 누군가와 이야기를 나누는 것은 유익합니다.

걱정을 하고 있으면 외로운 기분이 듭니다. 하지만 걱정이 홀로 짊어져야 하는 짐이 아니라는 걸 알면 마음이 한결 가벼워지죠. 걱정은 나누면 반으로 줄어드니까요.

지은이의 말

레슬리 아이언사이드
심리학·정신분석학 박사
아동·청소년 상담가·심리치료사

걱정은 흥미로운 주제예요. 어떤 걱정은 평범하고 쉽게 처리할 수 있지만 도움을 받아야 떠나보낼 수 있는 것들도 있어요. 저는 아동 심리치료사로 아이들을 상담하는 일을 합니다. 그리고 아빠이면서 할아버지이기도 해요. 저는 아주아주 많은 걱정들을 안고 사는 수많은 부모와 가족, 아이들과 많은 시간을 보내고 있죠. 어떤 사람들은 심각한 걱정들을 가지고 있고 작은 걱정을 크게 키우는 사람들도 있어요. 걱정은 커갈수록 정리하기가 더욱 힘들어져요. 나의 딸 아이아, 그리고 필리파, 브리요니, 존과 함께 생각과 경험을 나누면서 이 책을 만들었어요. 아주 멋진 작업이었답니다. 여러분도 이 책을 가지고 즐겁고 유익한 시간이 되기를 바랍니다.

아이아 아이언사이드
초등학교 교사

걱정은 살아가는 데 방해가 될 수 있어요. 진짜 걱정거리들을 가지고 있는 아이들도 있지만, 대부분의 아이들은 시험이나 사회적 압박 같은 스트레스로 인해 걱정을 하게 되지요. 저는 이 책을 아빠와 함께 썼어요. 세계적으로 증가하고 있는 아이들과 어른들의 걱정에 대한 관심에서 책을 쓰게 되었어요. 저는 이 책이 아이들과 어른들이 걱정에 대한 불안이 일상적인 것이며 삶에 방해가 된다는 것을 인식하도록 돕고 싶었어요. 그렇게 함으로써 걱정들에 끌려다니지 않고 다룰 수 있게 되니까요.

이 도서의 국립중앙도서관 출판예정도서목록(CIP)은 서지정보유통지원시스템 홈페이지(http://seoji.nl.go.kr)와 국가자료공동목록시스템(http://www.nl.go.kr/kolisnet)에서 이용하실 수 있습니다.(CIP제어번호: CIP2015035686)